CB018819

Este diário pertence a

Data:

"*Porque sou eu que conheço os planos que tenho para vocês*",
diz o SENHOR, "*planos de fazê-los prosperar e não de lhes*
causar dano, planos de dar a vocês esperança e um futuro".

JEREMIAS 29.11

$\mathcal{V}$ocê é uma linda mulher de Deus, preciosa para ele de todas as formas. Quando de todo o coração buscar ao Senhor, você compreenderá os mistérios da vida e os planos especiais que Deus possui para você – uma vida cheia de bênçãos e a certeza de que você está usando os dons dados pelo Senhor para ser tudo para o qual foi criada.

Muitas pessoas planejam a vida. Deus também tem um plano. Às vezes, o plano de Deus se parece com o nosso. Outras vezes, não. No entanto, os planos dele são sempre maiores e melhores do que qualquer coisa que possamos planejar para nós. Ele pede que confiemos o nosso futuro, os nossos planos e todas as nossas decisões nas mãos dele.

Ao tomar as decisões diárias que afetam o caminho da sua vida, use este diário para registrar os pensamentos, orações, desafios e vitórias da sua jornada. A nossa oração é para que você nunca se esqueça de que, qualquer que seja o seu destino, Deus está ao seu lado.

Os Editores

Deus nos criou com um desejo irresistível de voar... Ele nos projetou para sermos tremendamente produtivas e voarmos "alto como águias", sonhando, de forma realista, com aquilo que ele pode fazer com o nosso potencial.

CAROL KENT

$\mathcal{M}$as aqueles que esperam no SENHOR renovam as suas forças. Voam alto como águias; correm e não ficam exaustos, andam e não se cansam.

ISAÍAS 40.31

A sabedoria de Deus está sempre disponível para nos ajudar a fazer escolhas e a seguir o plano eterno que ele traçou para nós.

GLORIA GAITHER

*O*uça, meu filho, e seja sábio; guie o seu coração pelo bom caminho.

PROVÉRBIOS 23.19

Faça bem as pequenas coisas, e as grandes coisas virão até você para serem realizadas.

PROVÉRBIO PERSA

*M*uito bem, servo bom e fiel! Você foi fiel no pouco, eu o porei
sobre o muito. Venha e participe da alegria do seu senhor!

MATEUS 25.21

Fomos feitos para persistir. É assim que descobrimos quem somos.

TOBIAS WOLFF

Peçam, e será dado; busquem, e encontrarão; batam, e a porta será aberta.

LUCAS 11.9

O segredo da vida é que tudo o que temos e somos é um dom de graça que deve ser compartilhado.

LLOYD JOHN OGILVIE

*P*or meio dessa prova de serviço ministerial, outros louvarão a Deus pela obediência que acompanha a confissão que vocês fazem do evangelho de Cristo e pela generosidade de vocês em compartilhar seus bens com eles e com todos os outros.

2Coríntios 9.13

A beleza também pode ser encontrada em um dia de trabalho.

MAMIE SYPERT BURNS

Na verdade, eu me alegrei em todo o meu trabalho;
essa foi a recompensa de todo o meu esforço.

Eclesiastes 2.10

Nós somos tão profundamente amadas por Deus que sequer podemos compreender isso. Nenhuma criatura jamais saberá quão tenra e docemente Deus a ama.

JULIANA DE NORWICH

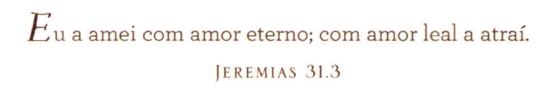

*E*u a amei com amor eterno; com amor leal a atraí.

JEREMIAS 31.3

Não se concentre em seus fracassos... Simplesmente faça isto: entregue a sua alma ao Médico dos médicos – exatamente como ela está, até mesmo e, especialmente, em seu pior momento... Pois é durante momentos assim que mais sentimos a presença e a cura de Deus.

TERESA DE ÁVILA

*P*ara que Cristo habite no coração de vocês mediante a fé;
e oro para que, estando arraigados e alicerçados em amor.

EFÉSIOS 3.17

*E*squeça a ideia de que apenas crianças devem se dedicar aos estudos. Seja um estudante enquanto ainda tiver o que aprender, ou seja, durante toda a sua vida.

HENRY L. DOHERTY

*I*nstrua o homem sábio, e ele será ainda mais sábio;
ensine o homem justo, e ele aumentará o seu saber.

PROVÉRBIOS 9.9

Reconhecer quem somos em Cristo e alinhar a nossa vida com o propósito de Deus para nos oferecer um sentimento de destino... Isso dá forma e direção à nossa vida.

JEAN FLEMING

Tu me diriges com o teu conselho, e depois me receberás com honras.

SALMOS 73.24

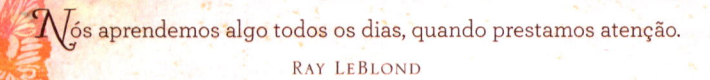

Nós aprendemos algo todos os dias, quando prestamos atenção.

RAY LEBLOND

*Meu filho, escute o que lhe digo; preste atenção às minhas palavras.
Nunca as perca de vista; guarde-as no fundo do coração.*

PROVÉRBIOS 4.20-21

Quando esperamos, começamos a entrar em contato com os ritmos da vida – descanso e ação, silêncio e decisão. São os ritmos de Deus. É no dia a dia e no cotidiano que aprendemos sobre a paciência, a aceitação e o contentamento.

RICHARD J. FOSTER

E faça com que de coração nos voltemos para ele, a fim de andarmos em todos os seus
caminhos e obedecermos aos seus mandamentos, decretos e ordenanças,
que deu aos nossos antepassados.

1Reis 8.58

*U*m período de vida não é nada. No entanto, o homem ou a mulher que vivem neste breve tempo são relevantes. Eles podem preencher tal período com significado, tornando, assim, a sua qualidade imensurável, embora a sua quantidade possa ser insignificante.

CHAIM POTOK

$\mathcal{V}$ocês possam, juntamente com todos os santos, compreender a largura, o comprimento, a altura e a profundidade, e conhecer o amor de Cristo que excede todo conhecimento, para que vocês sejam cheios de toda a plenitude de Deus.

As palavras amáveis são joias que vivem no coração e na alma e permanecem
como memórias abençoadas anos depois de terem sido proferidas.

MARVEA JOHNSON

As palavras agradáveis são como um favo de mel, são doces para a alma e trazem cura para os ossos.

PROVÉRBIOS 16.24

*A*queles que são guiados por Deus são bem guiados.

PROVÉRBIO ESCOCÊS

*E*m seu coração o homem planeja o seu caminho,
mas o SENHOR determina os seus passos.

PROVÉRBIOS 16.9

O caminho para a cabeça passa, inevitavelmente, pelo coração.

*C*onfie no SENHOR de todo o seu coração e não se apoie em seu próprio entendimento; reconheça o SENHOR em todos os seus caminhos, e ele endireitará as suas veredas.

PROVÉRBIOS 3.5-6

Cada pessoa possui uma função singular para desempenhar no mundo e é importante em algum aspecto. Todos, incluindo, e talvez, especialmente você, são indispensáveis.

NATHANIEL HAWTHORNE

*A*ssim como cada um de nós tem um corpo com muitos membros e esses membros não exercem todos a mesma função (...) Temos diferentes dons, de acordo com a graça que nos foi dada..

ROMANOS 12.4, 6

Aprendemos mais ao buscarmos a resposta de uma pergunta do que com a resposta em si.

LLOYD ALEXANDER

E lá procurarão o SENHOR, o seu Deus, e o acharão, se o procurarem de todo o seu coração e de toda a sua alma.

DEUTERONÔMIO 4.29

*M*esmo quando tudo o que conseguimos ver são os fios emaranhados na tapeçaria da vida, sabemos que Deus é bom e sempre deseja o melhor para nós.

RICHARD J. FOSTER

*Sabemos que Deus age em todas as coisas para o bem daqueles que o amam,
dos que foram chamados de acordo com o seu propósito.*

ROMANOS 8.28

O que sentimos, pensamos e fazemos neste exato momento influencia tanto o nosso presente quanto o nosso futuro, de forma que talvez jamais sejamos capazes de compreender. Comece. Comece de onde você está. Reflita sobre as suas possibilidades e encontre inspiração... para acrescentar mais significado e entusiasmo à sua vida.

ALEXANDRA STODDARD

*C*onsagre ao SENHOR tudo o que você faz, e os seus planos serão bem-sucedidos.

PROVÉRBIOS 16.3

Uma mulher de beleza (...) sabe que no interior de sua alma, onde Deus habita, ele a considera linda e digna, e que, em Deus, ela é suficiente.

JOHN E STASI ELDREDGE

Ao contrário, esteja no ser interior, que não perece, beleza demonstrada num espírito dócil e tranquilo, o que é de grande valor para Deus.

1PEDRO 3.4

Não há nada como um sonho para criar o futuro.

VICTOR HUGO

A sociedade precisa de pessoas que saibam ser compassivas e honestas... Não se pode construir uma sociedade com base apenas em dados e computadores.

ALVIN TOFFLER

$\mathcal{M}$as o fruto do Espírito é amor, alegria, paz, paciência, amabilidade, bondade, fidelidade, mansidão e domínio próprio. Contra essas coisas não há lei.

GÁLATAS 5.22-23

Deus não tem problemas, apenas planos.

CORRIE TEN BOOM

Mas os planos do SENHOR permanecem para sempre, os propósitos do seu coração, por todas as gerações.

SALMOS 33.11

Se alguém a aproxima de Deus, essa pessoa é sua amiga.

*C*omo é bom e agradável quando os irmãos convivem em união!

SALMOS 133.1

O seu futuro é tão brilhante quanto as promessas de Deus.

A. JUDSON

Olho nenhum viu, ouvido nenhum ouviu, mente nenhuma imaginou o que Deus preparou para aqueles que o amam.

ICoríntios 2.9

Confio sempre em ti, embora eu pareça estar perdido e na sombra da morte. Eu não temerei, pois tu estás sempre comigo. O Senhor nunca me abandonará nem permitirá que eu enfrente minhas dificuldades solitariamente.

THOMAS MERTON

O amor de Deus nunca acaba. Nunca... Deus não nos ama menos quando falhamos nem mais quando fazemos o que é certo. O amor de Deus nunca acaba.

MAX LUCADO

*C*onceda-me o SENHOR o seu fiel amor de dia;
de noite esteja comigo a sua canção.
É a minha oração ao Deus que me dá vida.

Deus cuida do mundo que criou, desde o surgimento de uma nação até a morte de um pardal. Tudo o que existe no mundo está sob o olhar provedor do nosso Deus, desde a numeração dos dias de nossa vida até a quantidade de fios de cabelos em nossa cabeça.

KEN GIRE

*O*lhe sempre para a frente, mantenha o olhar fixo no que está adiante de você. Veja bem por onde anda, e os seus passos serão seguros. Não se desvie nem para a direita nem para a esquerda; afaste os seus pés da maldade.

PROVÉRBIOS 4.25-27

*Deus nunca abandona aqueles sobre os quais derramou o seu amor;
nem Cristo, o bom pastor, jamais perde de vista as suas ovelhas.*

J. I. PACKER

*D*eus tem projetos para o nosso futuro... Ele nos projetou
para o futuro. O Senhor preparou algo para nós
que ninguém mais pode fazer.

RUTH SENTER

A beleza nos remete a Deus. Quando observamos a natureza, uma pessoa querida ou uma obra de arte, a nossa alma reconhece imediatamente o Senhor e é atraída a ele.

MARGARET BROWNLEY

Eu te louvo porque me fizeste de modo especial e admirável.
Tuas obras são maravilhosas! Digo isso com convicção.

SALMOS 139.14

Podemos não alcançar o ideal de Deus para a nossa vida, mas, com a ajuda dele, podemos nos aproximar dessa direção, dia após dia, à medida que entregamos cada detalhe da existência a ele.

Todos os caminhos do SENHOR são
amor e fidelidade para com os que cumprem
os preceitos da sua aliança.

SALMOS 25.10

*Qualquer coisa que Deus nos manda fazer,
ele também nos ajuda a fazer.*

DORA GREENWELL

*D*a mesma forma o Espírito nos ajuda em nossa fraqueza, pois não sabemos como orar, mas o próprio Espírito intercede por nós com gemidos inexprimíveis.

ROMANOS 8.26

*C*ada novo dia de nossa vida é uma dádiva inestimável
de Deus, cheio de possibilidades para aprendermos
algo novo e obtermos novas perspectivas.

Dale Evans Rogers

*E*ste é o dia em que o SENHOR agiu;
alegremo-nos e exultemos neste dia.

A sua aparência nesta idade é uma dádiva. Você a recebeu de seus antepassados. Contudo, se você continua bonita quando o seu cabelo está cinza e o seu corpo dói, essa beleza é mérito seu.

*P*reparas um banquete para mim à vista dos meus inimigos (...) Sei que a bondade e a fidelidade me acompanharão todos os dias da minha vida.

SALMOS 23.5-6

*U*m sonho se torna uma meta quando são tomadas ações para a sua realização.

Bo Bennett

*U*ma coisa faço: esquecendo-me das coisas que ficaram para trás e avançando para as que estão adiante, prossigo para o alvo, a fim de ganhar o prêmio do chamado celestial de Deus em Cristo Jesus.

FILIPENSES 3.13-14

Bendirei o SENHOR, que me aconselha; na escura noite o meu coração me ensina! Sempre tenho o SENHOR diante de mim. Com ele à minha direita, não serei abalado.

SALMOS 16.7-8

Tente manter o seu senso de humor! Quando conseguimos enxergar o lado positivo de um problema, às vezes ele deixa de ser um problema muito grande.

EMILIE BARNES

*A*queles que semeiam com lágrimas, com cantos de alegria colherão.
Aquele que sai chorando enquanto lança a semente, voltará
com cantos de alegria, trazendo os seus feixes.

Salmos 126.5-6

*N*ão julgue os seus dias pelos frutos que colhe, mas pelas sementes que planta.

ROBERT LOUIS STEVENSON

*P*lante de manhã a sua semente, e mesmo ao entardecer não deixe as suas mãos ficarem à toa, pois você não sabe o que acontecerá, se esta ou aquela produzirá, ou se as duas serão igualmente boas.

ECLESIASTES 11.6

Meio caminho da vitória do sucesso é trilhado quando se adquire o hábito de definir metas e alcançá-las. Até mesmo a tarefa mais tediosa se torna suportável quando encaramos cada dia convencidas de que cada afazer nosso, não importa o quão insignificantes ou chatos, nos aproximam da realização de nossos sonhos.

OG MANDINO

*B*usquem, pois, em primeiro lugar o Reino de Deus e a sua justiça,
e todas essas coisas serão acrescentadas a vocês.

MATEUS 6.33

A Palavra de Deus atua como uma luz para os nossos caminhos. Ela pode ajudar a espantar pensamentos indesejados de nossa mente e a nos proteger do inimigo.

GARY SMALLEY E JOHN TRENT

A tua palavra é lâmpada que ilumina os meus
passos e luz que clareia o meu caminho.

SALMOS 119.105

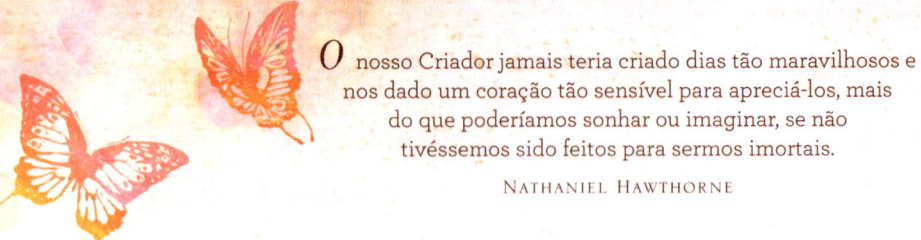

O nosso Criador jamais teria criado dias tão maravilhosos e nos dado um coração tão sensível para apreciá-los, mais do que poderíamos sonhar ou imaginar, se não tivéssemos sido feitos para sermos imortais.

NATHANIEL HAWTHORNE

A terra inteira está cheia da sua glória.

Isaías 6.3

*Tudo o que existe já recebeu nome, e já se sabe o que o homem é;
não se pode lutar contra alguém mais forte.*

ECLESIASTES 6.10

*E*m sua sabedoria, Deus frequentemente escolhe atender às
nossas necessidades mostrando o seu amor por nós por
meio das mãos e do coração de outras pessoas.

JACK HAYFORD

Sirvam uns aos outros mediante o amor. Toda a Lei se resume num só
mandamento: "Ame o seu próximo como a si mesmo."

GÁLATAS 5.13-14

$\mathcal{N}$ão queremos apenas enxergar a beleza, embora Deus saiba que até isso é recompensa suficiente. Queremos algo mais, que não pode ser colocado em palavras – nós desejamos nos unir à beleza que vemos, recebendo-a em nossa própria vida.

C. S. Lewis

*U*ma coisa pedi ao SENHOR; e a procuro: que eu possa viver na casa do SENHOR todos os dias da minha vida, para contemplar a bondade do SENHOR e buscar sua orientação no seu templo. Pois no dia da adversidade ele me guardará protegido em sua habitação; no seu tabernáculo me esconderá e me porá em segurança sobre um rochedo.

SALMOS 27.4-5

Siga, confiantemente, em direção aos seus sonhos.
Viva a vida que você imaginou.

HENRY DAVID THOREAU

_Se_ agir assim, certamente haverá bom futuro para você,
e a sua esperança não falhará.

PROVÉRBIOS 23.18

Todos nós temos pontos altos em nossa vida, e a maioria deles surge pelo encorajamento de outras pessoas.

GEORGE ADAMS

*P*or isso, exortem-se e edifiquem-se uns aos outros,
como de fato vocês estão fazendo.

1TESSALONICENSES 5.11

Deus não prometeu sol sem chuva,
alegria sem tristeza nem paz sem dor.
Ele, no entanto, prometeu força para cada dia,
descanso para o trabalho e luz para o caminho.

ANNIE JOHNSON FLINT

*C*onduzirei os cegos por caminhos que eles não conheceram, por veredas desconhecidas eu os guiarei; transformarei as trevas em luz diante deles e tornarei retos os lugares acidentados. Essas são as coisas que farei; não os abandonarei.

*D*eus nunca abandona aqueles sobre os quais derramou o seu amor;
nem Cristo, o bom pastor, jamais perde de vista as suas ovelhas.

J. I. PACKER

Mesmo quando eu andar por um vale de trevas e morte, não temerei perigo algum, pois tu estás comigo; a tua vara e o teu cajado me protegem. Preparas um banquete para mim à vista dos meus inimigos. Tu me honras, ungindo a minha cabeça com óleo e fazendo transbordar o meu cálice.

SALMOS 23.4-5

O tempo é uma dádiva muito preciosa de Deus; tão
preciosa que só nos é dada por etapas.

Amelia Barr

Tenham cuidado com a maneira como vocês vivem (...) aproveitando ao máximo cada oportunidade (...) Portanto, não sejam insensatos, mas procurem compreender qual é a vontade do Senhor.

EFÉSIOS 5.15-17

Juntos, criaremos um caminho para subir a montanha... Embora o caminho seja difícil e o cenário monótono no momento, há surpresas emocionantes ao virar da curva. Permaneça no caminho que Deus escolheu para você. Ele é, verdadeiramente, o caminho da vida.

SARAH YOUNG

Tu me farás conhecer a vereda da vida,
a alegria plena da tua presença,
eterno prazer à tua direita.

SALMOS 16.11

*D*eus se agrada quando você se alegra
e sorri do fundo do seu coração.

<small>MARTINHO LUTERO</small>

$\mathcal{N}$este mundo vocês terão aflições; contudo,
tenham ânimo! Eu venci o mundo.

João 16.33

O que realmente importa é aquilo que você aprende depois de saber tudo.

HARRY S. TRUMAN

Se o sábio lhes der ouvidos, aumentará seu conhecimento,
e quem tem discernimento obterá orientação.

PROVÉRBIOS 1.5

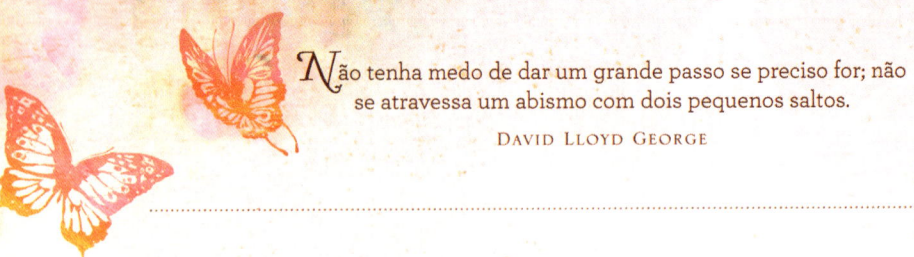

Não tenha medo de dar um grande passo se preciso for; não se atravessa um abismo com dois pequenos saltos.

DAVID LLOYD GEORGE

*C*onscientes disso, oramos constantemente por vocês, para que o nosso
Deus os faça dignos da vocação e, com poder, cumpra todo bom
propósito e toda obra que procede da fé.

2Tessalonicenses 1.11

O preço do sucesso é o trabalho duro, a dedicação e a certeza de que, ganhando ou perdendo, nós fizemos o nosso melhor.

VINCENT T. LOMBARDI

Conceda-te o desejo do teu coração e leve a efeito todos os teus planos.

SALMOS 20.4

Como Deus é responsável pelo nosso bem-estar, ele nos manda entregar todas as nossas preocupações nas mãos dele, pois ele cuida de nós. Deus diz: "Eu tomarei o seu fardo – não se preocupe – deixe comigo." O Senhor está profundamente ciente de que dependemos dele para as necessidades de nossa vida.

BILLY GRAHAM

Eu me deito e durmo, e torno a acordar,
porque é o SENHOR que me sustém.

SALMOS 3.5

*O*fertar é uma alegria quando o fazemos no espírito certo. Tudo depende se enxergamos isso como "O que eu posso poupar?" ou "O que eu posso compartilhar?"

ESTHER YORK BURKHOLDER

Cada um exerça o dom que recebeu para servir os outros, administrando fielmente a graça de Deus em suas múltiplas formas.

1PEDRO 4.10

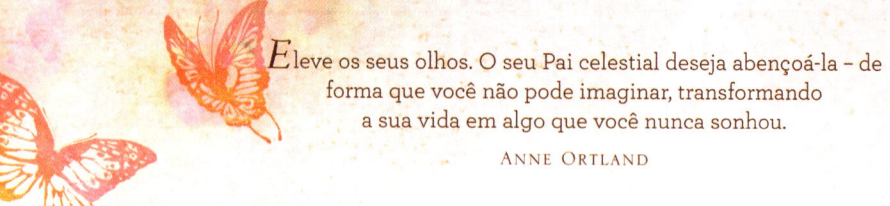

*E*leve os seus olhos. O seu Pai celestial deseja abençoá-la – de forma que você não pode imaginar, transformando a sua vida em algo que você nunca sonhou.

ANNE ORTLAND

*L*evanto os meus olhos para os montes e pergunto: De onde me vem o socorro? O meu socorro vem do SENHOR, que fez os céus e a terra.

<small>SALMOS 121.1-2</small>

Cultive o hábito de dizer: "Fale, Senhor", e a sua vida se tornará um romance.

OSWALD CHAMBERS

Nem altura nem profundidade, nem qualquer outra coisa na criação será capaz de nos separar do amor de Deus que está em Cristo Jesus, nosso Senhor.

ROMANOS 8.39

Sempre que possível, escolha alguma ocupação que você faria mesmo se não fosse pago para isso.

WILLIAM LYON PHELPS

Sirvam aos seus senhores de boa vontade,
como servindo ao Senhor, e não aos homens.

EFÉSIOS 6.7

Tornar-se um líder é sinônimo de tornar-se você mesmo.
É algo tão simples quanto complicado.

WARREN G. BENNIS

*P*ortanto, se alguém está em Cristo, é nova criação. As coisas antigas já passaram; eis que surgiram coisas novas! Tudo isso provém de Deus.

2Coríntios 5.17-18

Deus dá dois passos em direção àquele que se aproxima dele com apenas um.

PROVÉRBIO JUDAICO

Nós amamos porque ele nos amou primeiro.

1João 4.19

Se você nunca ouviu as montanhas cantando e as árvores do campo batendo palmas, não pense que elas não fazem isso. Peça a Deus que abra os seus ouvidos para que possa escutar e os seus olhos para que possa ver, pois, embora poucas pessoas saibam, elas fazem isso, meu amigo, elas fazem isso.

PHILLIPS McCANDLISH

Vocês sairão em júbilo e serão conduzidos em paz; os montes e colinas irromperão em canto diante de vocês, e todas as árvores do campo baterão palmas.

Isaías 55.12

O verdadeiro significado da vida é plantar árvores sob cujas sombras você, provavelmente, jamais se sentará.

NELSON HENDERSON

Nem o que planta nem o que rega são alguma coisa, mas unicamente Deus, que efetua o crescimento. O que planta e o que rega têm um só propósito, e cada um será recompensado de acordo com o seu próprio trabalho.

1Coríntios 3.7-8

O dia de hoje é único! Ele nunca aconteceu antes e jamais se repetirá. À meia-noite ele acabará, silenciosamente, de repente, completamente. Para sempre. Contudo, as horas entre o agora e o depois são oportunidades com possibilidades eternas.

CHARLES R. SWINDOLL

$\int$igam o caminho do amor e busquem com dedicação os dons
espirituais, principalmente o dom de profecia.

ICoríntios 14.1

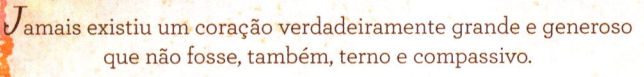

*J*amais existiu um coração verdadeiramente grande e generoso
que não fosse, também, terno e compassivo.

Robert South

Quanto ao mais, tenham todos o mesmo modo de pensar, sejam compassivos, amem-se fraternalmente, sejam misericordiosos e humildes. Não retribuam mal com mal, nem insulto com insulto; ao contrário, bendigam; pois para isso vocês foram chamados, para receberem bênção por herança.

1Pedro 3.8-9

Nada é tão real quanto um sonho. O mundo inteiro ao seu redor pode mudar, e o seu sonho continuar o mesmo. As responsabilidades não devem apagá-lo. Os deveres não devem obscurecê-lo. Uma vez que o sonho está dentro de você, ninguém pode roubá-lo.

TOM CLANCY

Você deseja ser sábio? Escolha amigos sábios.

CHARLES SWINDOLL

Do conselho sincero do homem nasce uma bela amizade.

PROVÉRBIOS 27.9

O céu muitas vezes parece distante e desconhecido, mas se o Deus que fez o caminho for o nosso guia, então não precisamos ter medo de nos perder.

HENRY VAN DYKE

*C*ontudo, sempre estou contigo; tomas a minha mão direita e me susténs.

SALMOS 73.23

Deus, que a conduziu com segurança até agora, a conduzirá até o final. Esteja totalmente descansada na confiança santa e amorosa que você deve ter na providência celestial.

FRANCIS DE SALES

O SENHOR firma os passos de um homem, quando a conduta deste o agrada; ainda que tropece, não cairá, pois o SENHOR o toma pela mão.

SALMOS 37.23-24

*U*m estudo da natureza e do caráter de Deus é o projeto mais prático
com o qual uma pessoa pode se envolver. Conhecer a Deus
é crucialmente importante para vivermos a nossa vida.

J. I. PACKER

Quanto a você, porém, permaneça nas coisas que aprendeu e das quais tem convicção, pois você sabe de quem o aprendeu. Porque desde criança você conhece as Sagradas Letras, que são capazes de torná-lo sábio para a salvação mediante a fé em Cristo Jesus.

2Timóteo 3.14-15

*D*eus está, em todos os momentos, completamente consciente de cada uma de nós. Totalmente consciente em intensa concentração e amor... Ninguém passa por qualquer área da vida, feliz ou trágica, sem a atenção de Deus.

<small>EUGENIA PRICE</small>

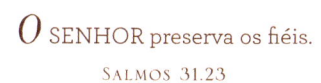

O SENHOR preserva os fiéis.

SALMOS 31.23

Você não pode experimentar um sucesso que ultrapasse os seus mais loucos sonhos, a menos que se atreva a sonhar loucos sonhos!

SCOTT SORRELL

Àquele que é capaz de fazer infinitamente mais do que tudo o que pedimos ou pensamos, de acordo com o seu poder que atua em nós, a ele seja a glória.

EFÉSIOS 3.20-21

A vida não é fácil para ninguém. Mas, e daí? Devemos ter perseverança e, acima de tudo, confiança em nós mesmos. Devemos acreditar que possuímos dons para realizar algo e que isso deve ser cumprido.

MARIE CURIE

A nossa grandeza está, unicamente, no fato de que Deus, em sua incompreensível bondade, derramou o seu amor sobre nós. Deus não nos ama porque temos valor; nós temos valor porque Deus nos ama.

HELMUT THIELICKE

A medida de uma vida, por fim, não é a sua
duração, mas a sua doação.

Corrie ten Boom

Deem e será dado a vocês: uma boa medida, calcada, sacudida e transbordante será dada a vocês. Pois a medida que usarem também será usada para medir vocês.

LUCAS 6.38

$\mathcal{N}$ão há atalhos para qualquer lugar onde valha a pena ir.

BEVERLY SILLS

Sim, cada um vai e volta como a sombra. Em vão se agita, amontoando riqueza sem
saber quem ficará com ela. Mas agora, SENHOR, que hei de esperar?
Minha esperança está em ti.

SALMOS 39.6-7

This book was first publishing in the United States by Worthy Publishing, One Franklin Park, 6100 Tower Circle, Suite 210, Franklin, TN 37067, with the title For I Know the plans I have for you journal copyright@2014

Editor responsável
Marcos Simas

Supervisão editorial
Maria Fernanda Vido

Tradução
José Fernando Cristófalo

Preparação de texto
Carlos Fernandes

Capa

Diagramação
PSimas

Revisão
João Rodrigues Ferreira
Carlos Buczynski
Nataniel dos Santos Gomes
Angela Baptista

Todos os direitos desta obra pertencem à Geográfica Editora © 2017. Qualquer comentário ou dúvidas sobre este produto escreva para: produtos@geografica.com.br

Esta obra foi impressa no Brasil com a qualidade de impressão e acabamento da Geográfica Serviços Gráficos

Printed in Brazil

M521	O melhor de Deus para minha vida / Traduzido por Julia Ramalho. – Santo André: Geográfica, 2018.
	160p. ; 16x21cm.
	ISBN 978-85-8064-244-5
	Título original: For I know the plans.
	1. Livro de meditações. 2. Escritos contemplativos. 3. Deus. I. Ramalho, Julia.
	CDU 242

Catalogação na publicação: Leandro Augusto dos Santos Lima – CRB 10/1273